Widmung

Gerhard Winter

Es war einmal ...

Impressum

Eigentümer, Herausgeber:
Gerhard Winter
A-8020 Graz, Weingartenweg 16

Zeichnungen und Umschlaggestaltung:
Christa Jagersberger-Stängl, Lunz am See, Österreich

Layout, Typo + Prepress:
Steinhuber Infodesign KG, Graz, Österreich

Herstellung und Verlag:
BoD – Books on Demand, Norderstedt

ISBN 9783839163061

Bestellhinweis:
„Es war einmal …" kann in jeder Buchhandlung und im Internetversand
bestellt werden und ist auch als E-Book erhältlich.

Gerhard Winter

Es war einmal ...

Zeichnungen

Christa Jagersberger-Stängl

Es war einmal eine Zeit, begann mein Großvater, von der muss ich dir erzählen, damit dir bewusst wird, wie zerbrechlich die Errungenschaften sind, die du heute so selbstverständlich genießt. Es gibt Erfahrungen, die muss man von Generation zu Generation weitergeben, damit sie nicht in Vergessenheit geraten. Nie wieder Krieg war die bittere Erfahrung nach den beiden Weltkriegen. Ein paar Mal waren wir schon wieder nahe dran. Nie wieder Rassenhass. Und doch hat es wieder furchtbare rassistisch motivierte Anschläge gegeben. Muss sich denn alles wiederholen? Ich verstehe nicht, dass es heute noch immer Menschen gibt, die von der guten alten Zeit schwärmen. Die haben keine Ahnung. Wenn du wissen willst, was du von einer Gemeinschaft zu halten hast, dann musst du dir ansehen, wie sie mit ihren Schwächsten umgeht, den Armen, den Alten, den Behinderten, den Suchtkranken. Da lebst du heute in einem Paradies.

Es war einmal ...

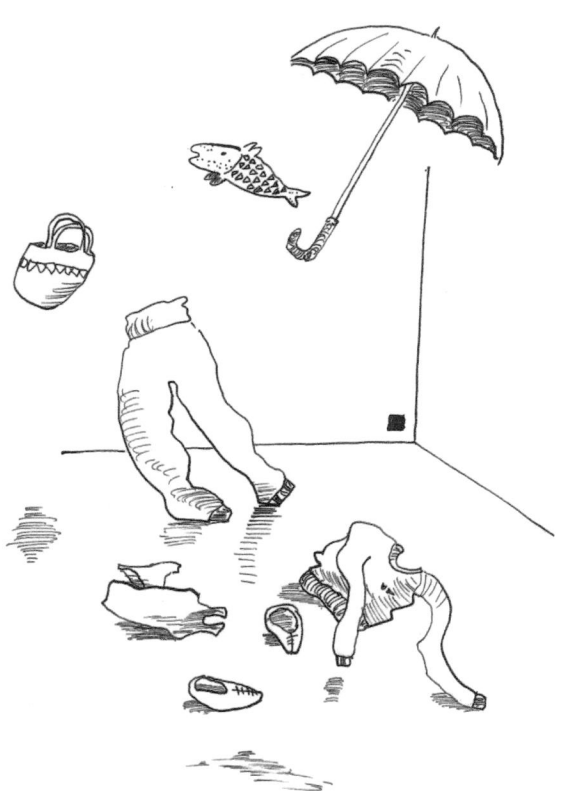

Kannst du dir vorstellen, wie das zu meiner Zeit war? So etwas wie das Basisbudget, das heute eine Selbstverständlichkeit ist, gab es nicht. Menschen, die in Not geraten waren, mussten in entwürdigender Weise bei den Behörden um Unterstützung ansuchen. Sie waren zutiefst erniedrigte Almosenempfänger. Durch das Basisbudget sind sie heute zu gleichberechtigten, selbstbewussten Staatsbürgern geworden. Auch von bedingungslos und dass es für alle ist, spricht niemand mehr. Es ist heute eben selbstverständlich.

Dass heute der Höchstlohn nicht mehr sein darf als das Dreiundzwanzigfache des Mindestlohnes, ist auch kein Thema mehr. Zu meiner Zeit hat sich so mancher das Hundertfache und mehr auszahlen lassen und nahm diese Maßlosigkeit noch als Beweis dafür, dass er als Mensch eben so viel wertvoller sei. Heute sorgen die Manager für einen anständigen Mindestlohn, denn sie wissen: Jeder Cent mehr bringt ihnen das Dreiundzwanzigfache!

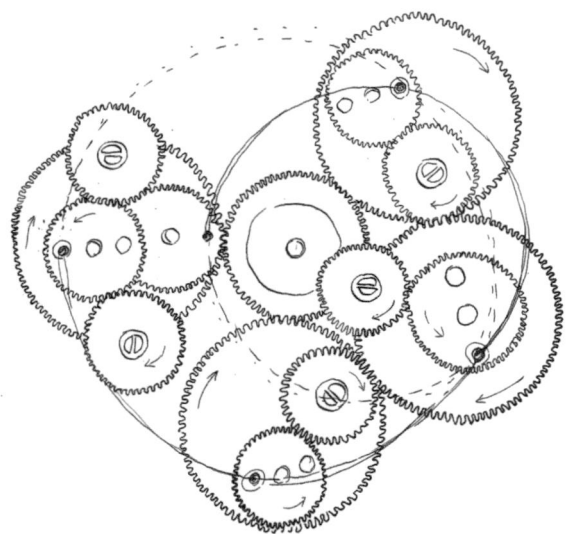

Ständig war die Rede vom Arbeitsplätzemangel und dass die Wirtschaft wachsen müsse, um Arbeitsplätze zu schaffen. Ich glaube, du kannst dir das gar nicht vorstellen, weil mit der Arbeit war das ganz anders als heute. Arbeit hat es immer genug gegeben. Aber man konnte davon nicht leben.

Wenn ein Altenpfleger von seinem Gehalt nicht leben kann, dann gibt es eben keine oder fast keine Altenpfleger. Wenn du von früh bis spät irgendeinen stumpfsinnigen Job machen musst, um zu überleben, fehlt dir die Zeit für deine Kinder, für deine Freunde. Es fehlt dir die Zeit, um eine Reparatur zu machen, ins Kino zu gehen oder ein Buch zu lesen. So war das. Arbeit war halt ausschließlich Erwerbsarbeit. Sinnstiftende Freiwilligen-Arbeit konnten sich bestenfalls Pensionisten leisten. Erst das Basisbudget hat es möglich gemacht, dass Freiwilligen-Arbeit heute so weit verbreitet ist.

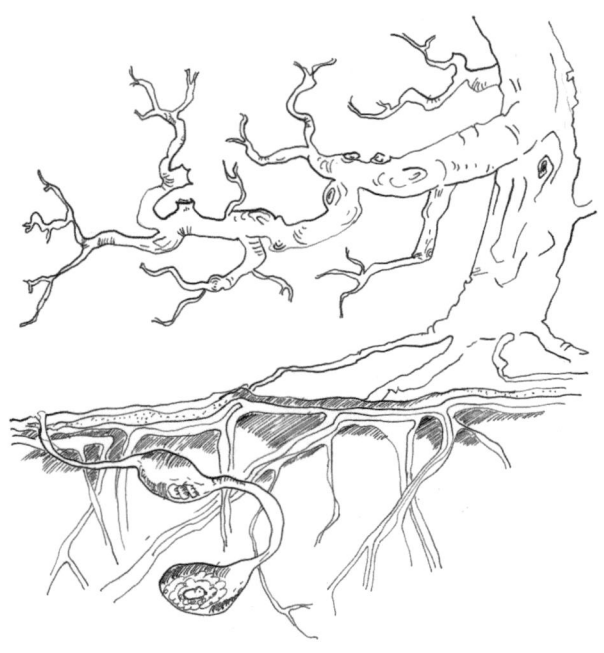

Die Wirtschaft muss wachsen, wurde uns einge-
bläut. Und niemand hat sich die Frage gestellt, die dir
jedes Volksschulkind beantworten kann: Ist es denn
möglich auf dem Planeten Erde, den man nun mal nicht
größer machen kann als er ist, unendlich zu wachsen?
Das, was wachsen konnte, war der unglaubliche Reich-
tum einiger weniger. Uns hat man eingeredet, Konsum
wäre eine wichtige bürgerliche Tugend. Bürger für die
Wirtschaft statt Wirtschaft für die Bürger. Niemandem
ist das verkehrt vorgekommen. Und die Wirtschaft ist
gewachsen, zumindest an einem Ende, bei den großen
Konzernen. Am anderen Ende ist sie geschrumpft: bei
all den kleinen Unternehmern, den Lebensmittelläden
um die Ecke, den Bäckern, Metzgern, Handwerkern.

So etwas geht schleichend, du merkst es kaum. Auf einmal waren sie alle weg, die Nahversorger. Dafür schuf man Quadratkilometer an Verkaufsfläche, um dir den ganzen Ramsch zu verhökern, den du angeblich für dein Glück brauchst. Irgendwann dämmert dir dann doch, dass das alles nur deshalb so sein muss, damit ein paar Superreiche auf dieser Welt noch reicher werden. Und irgendwann merkst du, dass die Sozialleistungen des Staates zurückgefahren werden. Als Erklärung wird dir gesagt: Wenn wir das Lohnniveau nicht senken, wandern die Konzerne in Billiglohnländer ab und dann sind auch die Arbeitsplätze weg. Das klingt doch logisch, oder? Dass diese Konzerne aber ihre Gewinne in Steuerparadiese verschieben und wir durch die Finger schauen, das hat man uns nicht gesagt.

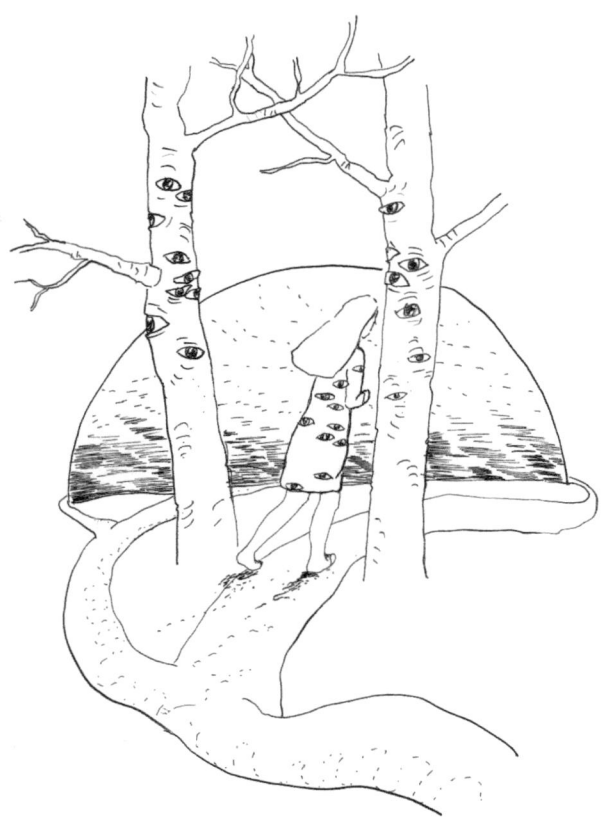

Ich sag dir, das hat gedauert. Wenn du gefunden hast, dass da etwas nicht stimmt, wenn ein paar Menschen nicht mehr wissen, wohin mit dem vielen Geld, während gleichzeitig anderswo alle paar Sekunden ein Kind jämmerlich verhungert, wenn du da den Mund aufgemacht hast, warst du schon ein Mitglied der 'Neidgenossenschaft'. Da war man lieber still. Ich habe mich oft gefragt, wieso das so lange gedauert hat, bis die Menschen dieses System durchschaut haben. Eine mögliche Antwort ist, dass es eben nicht lustig ist, da hinzuschauen. Weißt du, sich diese Grauslichkeiten genauer anzusehen, hat weh getan. Das will man nicht wahr haben. Da schaut man lieber weg! Das ist eine Frage des Selbstschutzes. Ein weiterer Grund war wohl: Wozu soll ich mich damit beschäftigen, wenn ich doch keine Möglichkeit habe etwas zu ändern. Was glaubst du, wie oft ich zu hören bekommen habe: Da kannst du nichts machen, es geht ohnehin alles den Bach runter.

Hast du schon einmal über Demokratie nachgedacht? Naja, so ist das eben. Über Dinge, die selbstverständlich sind, braucht man nicht zu reden. Zu meiner Zeit ist sehr viel über Demokratie gesprochen worden. Wohl deswegen, weil es genau genommen keine war. Wir hatten die so genannte repräsentative Demokratie. Das heißt, alle Macht lag in den Händen von Regierung und Parlament. Es stand zwar in der Verfassung: Alle Macht geht vom Volke aus. Das heißt, der Souverän im Staat ist der Staatsbürger. Allerdings waren damals seine Möglichkeiten, Einfluss zu nehmen, äußerst gering. Alle paar Jahre eine Partei zu wählen, von der man meist vergebens hoffen durfte, sie würde in Regierung und Parlament das vertreten, was einem wichtig war, war wahrlich eine bescheidene Möglichkeit, an der Entwicklung des Gemeinwesens mitzuwirken. Und was machst du, wenn im Parteienspektrum nichts zu finden ist, was dir entspricht? Dann gehst du eben nicht zur Wahl.

Du siehst mich so erstaunt an, aber vom Computer aus per Mausklick zu wählen war damals noch nicht möglich. Statt Mausklick eine Prozedur: Wählerverzeichnis, Wahllokal, Wahlkommission, Wahlzelle, Wahlzettel, Wahlurne, Stimmenzählen. Ein ziemlicher Aufwand, bis das Wahlergebnis feststand und die Sprecher der einzelnen Parteien sich für das entgegengebrachte Vertrauen bedanken konnten, was natürlich nicht mehr als eine leere Floskel sein konnte, wenn man die große Zahl der Nichtwähler bedenkt und vor allem all jene, für die die gewählte Partei schlicht das geringste Übel darstellte.

Die Politikverdrossenheit war weit verbreitet. Kein Wunder, da ja der Wähler keine Möglichkeit hatte, irgendwelche Gestaltungsvorschläge zu machen. Er war zum ohnmächtigen Statisten degradiert. Das kannst du dir heute sehr schwer vorstellen. Wahlen in diesem Sinn gibt es ja gar nicht mehr. Steht heute eine Entscheidung an, geht es darum, ein Problem zu lösen, so ist es längst selbstverständlich, dass jeder, der davon betroffen ist, seinen Lösungsvorschlag einbringen kann. Jeder kann die einzelnen Vorschläge bewerten, so dass am Ende dieses Prozesses die Lösung herausgefiltert wird, der alle Beteiligten zustimmen können, die die größtmögliche Akzeptanz, den Konsens, erzielt. Na ja, du kennst das ja, ihr macht das systemische Konsensieren ja auch in der Schule. Und so ist es mit vielen Errungenschaften, die heute Selbstverständlichkeit sind und von denen man sich gar nicht mehr vorstellen kann, wie mühsam der Weg dorthin war.

Was glaubst du, wie lange es gedauert hat, bis endlich die Finanztransaktionssteuer durchgesetzt wurde. Die Börse war nämlich das Lieblingsspielzeug der Reichen. Millionen und Abermillionen wurden in Sekundenbruchteilen verschoben. Geschafft hat das der Rechner. Es ging längst nicht mehr darum, sein Geld sinnvoll anzulegen. Lieblingsspiel waren Wetten auf die künftige Marktentwicklung zum Beispiel der Lebensmittelpreise. Auch das war mitverantwortlich für den Hunger in der Welt. Heute hat die Finanztransaktionssteuer nicht unwesentlich zur Beruhigung des überhitzten Börsenbetriebes beigetragen. Vor allem aber finanziert sie einen Großteil des Basisbudgets. Aber bis es so weit war, was glaubst du, versuch einmal einem Reichen sein Lieblingsspielzeug kaputt zu machen!

Was glaubst du, wie sie um ihre Steueroasen gekämpft haben und gegen das bedingungslose Grundeinkommen, wie man zu meiner Zeit das Basisbudget nannte. Von „sozialer Hängematte" haben sie gesprochen, ausgerechnet die, die ihre asoziale Hängematte längst offshore eingerichtet hatten. Und um nichts weniger haben sich ausgerechnet die Nutznießer des Grundeinkommens gegen dieses gewehrt. Wer mit dem Spruch aufgewachsen war, wer nicht arbeitet, soll auch nicht essen, dem bricht mit dem Grundeinkommen eine Welt zusammen, der kann sich den Segen der gewonnenen Freiheit nicht vorstellen. Der Mensch ist zur Freiheit verdammt, hat Sartre gesagt. Und er hat verdammt recht gehabt. Freiheit will erlernt sein. Freiheit heißt nämlich Verantwortung übernehmen. Das war nicht nur erwünscht. Weder vom Bürger noch von der Obrigkeit. Was machst du mit verantwortungsbewussten Bürgern, wenn sie als Konsumenten beginnen, sich die Frage zu stellen: Brauche ich das wirklich? Das gefährdet den Geschäftserfolg! Und was, wenn sie sich nicht in den Krieg schicken lassen?

Und wenn man nicht weiß, wie schlecht damals die Chancen auf ein geglücktes Leben standen, kann man den Wert des Basisbudgets nicht ermessen. Arbeitslosigkeit und Existenzangst waren weit verbreitet und damit auch die Bereitschaft unterbezahlte Jobs anzunehmen. In dieser Atmosphäre von Ausbeutung und Selbstausbeutung waren Stress und Burnout weit verbreitet. Dafür gab es das, was die Konzerne wollten: billige Arbeiter und Arbeiterinnen.

Entschuldige, ich schweife ab. Ex abundantia cordis os loquitur, was in der lutherischen Übersetzung so schön heißt: Wes das Herz voll ist, des geht der Mund über. So ist das eben auch mit mir.

Und damit sind wir beim nächsten Thema ange-
langt, der Schule. Was hat man uns das Hirn zugemüllt
mit lauter unnützem Zeug, so wie wir auch unsere
Wohnungen zugemüllt haben mit lauter unnützem
Zeug. Latein, wozu bitte? Als Beweis, dass wir der Elite
angehören? Danke, da habe ich andere Vorstellungen
von Elite. Denken, den eigenen Verstand zu gebrauchen
und auf ihn zu vertrauen, statt unreflektiert jede belie-
bige Propaganda nachzubeten, das hat man uns nicht
gelehrt. Hat man uns je gesagt: wenn du wissen willst,
wie richtig oder falsch solche Glaubenssätze sind wie
zum Beispiel: Geht es der Wirtschaft gut, dann geht es
allen gut, oder Konkurrenz ist der wichtigste Antrieb
für jede Entwicklung, oder es ist ein Naturgesetz, dass
der Stärkere den Schwächeren besiegt und so weiter.
Wer hat uns je gesagt: Wenn du die Gültigkeit solcher
Sätze wissen willst, dann musst du herausfinden, wem
sie nützen. Dann weißt du meistens auch, aus welcher
Ecke sie kommen: „Da gibt es keine Alternative" heißt
im Klartext: Hört auf nachzudenken, wir wollen keine
andere Lösung.

Aber ich schweife schon wieder ab. Wir sind bei der Schule. Was glaubst du, wie lang es gedauert hat, bis sich der Verdacht erhärtet hat, dass selbst denkende Menschen gar nicht so erwünscht sind? Wir dachten, das wäre nur bei den Islamisten so, bei dem IS und den Taliban, die Bomben auf Schulen werfen. Aber das stimmt nicht. Bei uns war die Abneigung gegen Menschen, die ihren Verstand zu gebrauchen wussten, besser getarnt. Einzelne kluge Köpfe wurden hoch verehrt, andererseits wusste man sehr genau, dass das Spiel der Macht gefährdet war, wenn zu viele es durchschauten.

Auch das kannst du dir heute wohl kaum vorstellen: Hauptsorge der Politiker war ihr Machterhalt. Zu meiner Zeit gab es eine Symbiose zwischen Politik und Kapital. Genau genommen lebten wir in einer Oligarchie, einer Geldherrschaft. Geld regiert die Welt und der Knüppel den Hund, hat dein Urgroßvater gesagt. Die Lobbys der Geldmenschen haben die Politiker unterstützt, die ihrerseits dafür sorgten, dass die Wünsche des Kapitals zu Gesetzen wurden. So hat das funktioniert. Die Geldmacht und die politische Macht haben tatkräftig zusammengearbeitet.

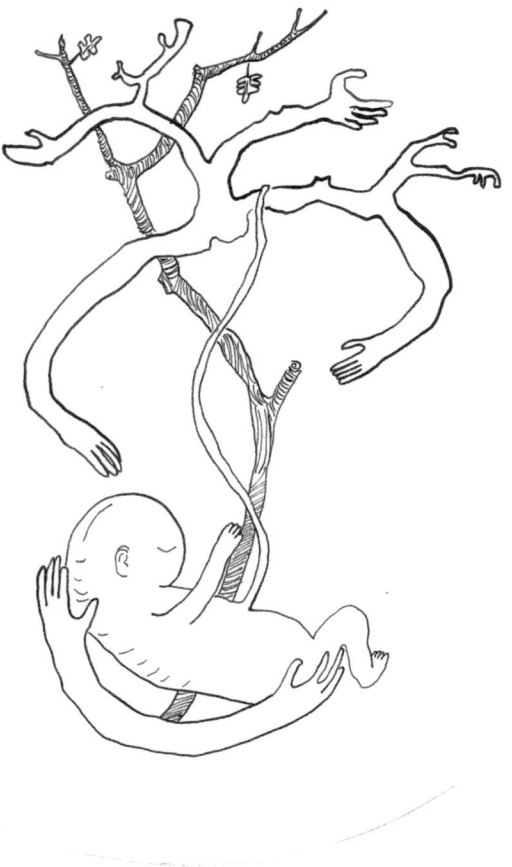

Ich sehe schon, das ist für dich schwer zu verstehen. Heute liegt die politische Macht ja beim Staatsbürger und nicht beim Politiker. Der ist ja heute in erster Linie Umsetzer der Beschlüsse, die vom Staatsbürger durch Konsensieren gefasst werden.

Ach so, du möchtest wissen, wie es möglich war, diese Doppelmacht von Kapital und Politik gewaltfrei aufzulösen.

Das war eine unglaubliche Geschichte, die niemand erwartet hat. Und es war auch gar nicht beabsichtigt. Angefangen hat das alles mit diesem Systemischen Konsensieren. Übrigens eine österreichische Entwicklung, auf die du stolz sein kannst. So einfach und so wirksam: Wo die Ablehnung am geringsten ist, ist der Konsens am größten.

Nachdem sich das Konsensieren in der Wirtschaft schon bei schwierigen kontroversiellen Entscheidungen bewährt hatte, hat eine kleine Gruppe von engagierten Leuten getestet, wie das Konsensieren über ein Internetprogramm funktioniert. Konsensiert wurde zunächst innerhalb der Gruppe, es wurden Vorschläge gemacht, Entscheidungen getroffen, wie es weitergehen sollte, welche Fragen versuchshalber in einem etwas erweiterten Kreis behandelt werden sollten. Es war die eine oder andere Korrektur des Programms vorzunehmen, bis es so einigermaßen funktionierte. Mit der Zeit wuchs der Kreis derer, die mitmachten. Ganz entscheidend war die Mitwirkung der reiferen Jugend und vor allem der Frauen. Irgendwann begannen die Medien, sich dafür zu interessieren und schließlich auch die Politiker. Die haben ja großes Interesse zu erfahren, was das Volk so denkt.

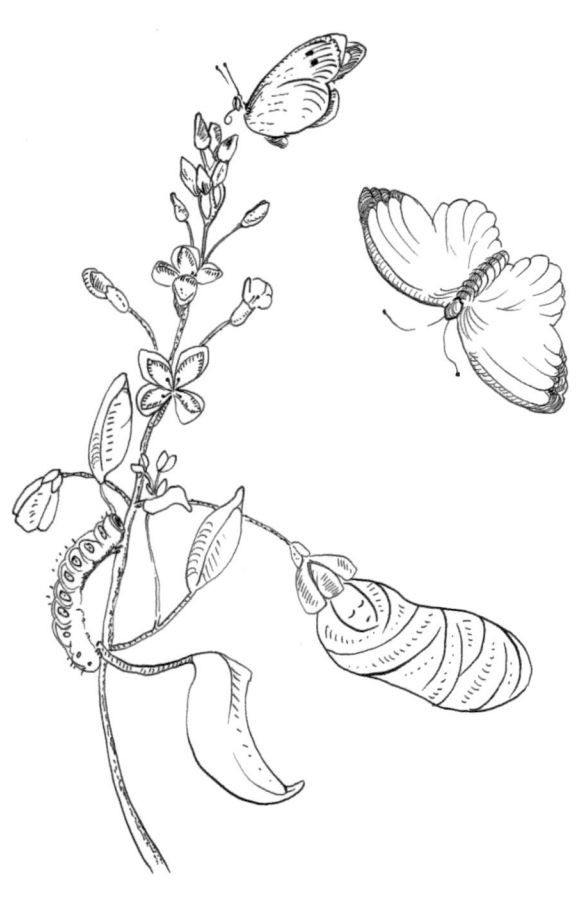

Mit dem Interesse der Politiker und der Medien wuchs die Teilnehmerzahl so weit, dass die Ergebnisse durchaus repräsentativen Charakter bekamen und den Politikern eine willkommene Orientierungshilfe waren: in keiner Weise bindend und doch nicht ohne Einfluss auf ihre Entscheidungen. Mit dem Echo in Politik und Medien war der Bürger auf einmal von seiner Bedeutungslosigkeit, seinem beschämenden Ohnmachtsgefühl befreit. Du kannst dir dieses Glücksgefühl der Leute nicht vorstellen. Sie begannen sich ernsthaft für Politik zu interessieren. Es entstand so etwas wie der mündige Bürger, der Souverän, der bis dahin nicht gerade zahlreich zu finden gewesen war.

Es war wie mit den Imagozellen, die als erste die Phantasie zu leben versuchen, die Raupe in einen Schmetterling zu verwandeln. Sie werden von den alten Raupenzellen bekämpft. Aber es werden immer mehr Imagozellen, und wenn eine kritische Zahl überschritten ist, geht alles ganz schnell, und in kürzester Zeit verwandelt sich die Raupe in einen wunderschönen Schmetterling.

So läuft das ja mit den Neuerungen meistens: Die ersten werden ignoriert, die nächsten werden ausgelacht, dann werden sie erstmals ernst genommen und bekämpft, sobald aber die kritische Zahl überschritten ist, geht es ganz schnell: Die alten Gegner erklären, das sei schon immer ihre Idee gewesen, und machen sich unverzüglich daran, sie umzusetzen. Dass dabei meist aus Unverständnis Fehler geschehen, so dass alsbald ein neuer Innovationszyklus fällig wird, sage ich nur, weil ich nun einmal den notorischen Hang habe, vom Thema abzugleiten. Ich hoffe, du entschuldigst.

Ein nicht unbedeutendes Nebenprodukt dieser Entwicklung muss ich noch erwähnen: Mit dem allmählichen Übergang der Gestaltungs- und Gesetzgebungsmacht von einigen wenigen Politikern auf das Volk ging den Lobbyisten ihr Partner verloren. An wen sollten sie sich wenden? Das Volk hat keine Adresse! Da nützen auch die Taschen voll Geld nichts. Dieser Umstand hat den Einfluss des Kapitals auf die Gesetzgebung nicht unerheblich verringert.

Nun aber zurück zur Wirtschaft. Ich denke, du kannst dir das heute nicht vorstellen. Vorrangiges Ziel der Wirtschaft war damals die Gewinnmaximierung, also möglichst viel Geld zu machen. Alles andere hatte Nachrang. Wenn du einen Wirtschaftsminister gefragt hast, ob er dir ein gutes Unternehmen im Lande nennen könne, sagte er: Natürlich, wie viele vorbildliche Unternehmen wünschen sie? Fünfzig, hundert, zweihundert? Und wenn du dann weitergefragt hast, welche Unternehmen den fünf zentralen Anliegen demokratischer Verfassungen in befriedigendem Maße entsprächen, nämlich der ökologischen Nachhaltigkeit, der Menschenwürde, der sozialen Gerechtigkeit, der Solidarität und schließlich der Transparenz und Mitbestimmung, dann sagte er dir natürlich: Alle! Welcher Politiker sagt schon: Entschuldigen Sie, ich habe Ihre Frage nicht verstanden?

Es tut mir leid, heute kriegen sie ihr Fett ab, die Politiker und die Superreichen. Dabei ist das alles schon so lange her, die meisten von ihnen leben ja gar nicht mehr! Eigentlich habe ich ihnen ja längst vergeben. Sie haben ihr Ding gemacht, so gut sie eben konnten. Es waren ja nicht gleich schlechte Menschen! Aber Macht verleitet eben zu einer selbstherrlichen Weltsicht mit fatalen Folgen: Kriege, Elend, Hunger, Raubbau und Umweltzerstörung. – Und dann überkommt mich auf einmal wieder diese alte Wut des längst überwunden geglaubten pubertären Gerechtigkeitswahns. Entschuldige bitte den Rückfall in alte, längst vergangene Zeiten. Ich erkenne mich selbst nicht wieder. Das ist wohl eine Alterserscheinung. Da tauchen auf einmal Kindheits- und Jugendbilder und Gefühle wieder auf. Dabei sind sie heute weitgehend unbegründet, diese Aufwallungen.

Es war einmal ...

Dieses Wundermittel Konsensieren hat es ohne großes Aufsehen geschafft, die Welt zu verändern. Der Umgang miteinander ist respektvoller geworden, das politische Parteiengezänk ist längst Vergangenheit. Vernünftige Umweltgesetze waren auf einmal gemeinsames Anliegen, Steueroasen wurden geschlossen, eine ökologische und soziale Steuerreform war plötzlich eine Selbstverständlichkeit.

Das Spiel mit der Angst der Menschen, der Angst vor dem Verlust der Arbeit, der Angst vor allem Fremden, allem Unbekannten, das Erfinden von Horrormeldungen, ein beliebtes Betätigungsfeld populistischer Parteien, um sich als Beschützer vor all den realen und vermeintlichen Bedrohungen profilieren zu können – und zu einem Mindestmaß an Populismus waren alle Parteien gezwungen, in diesem Konkurrenzsystem des Buhlens um die Wählergunst –, all das fand mit dem allmählichen Übergang der Entscheidungsmacht von den politischen Parteien auf die Bevölkerung ein Ende.

Und noch etwas ganz Entscheidendes hat dieser Übergang vom Einfluss einiger Weniger zu der Weisheit der Vielen mit sich gebracht. Ich weiß nicht, ob das Maßhalten, die Suche nach dem richtigen Maß je eine weitverbreitete menschliche Tugend war, ich weiß nur, dass die Menschen in vielerlei Hinsicht jedes vernünftige Maß verloren hatten. Wo Gier herrschte, war natürlich auch Maßlosigkeit. Viel schwieriger zu durchschauen war die Maßlosigkeit dort, wo sie von einigen wenigen Moralaposteln geradezu eingefordert wurde. Ich sehe schon, das muss ich dir genauer erklären. Ein Beispiel: Es war damals der Papst Franziskus eine weit über katholische Kreise hinaus hoch geachtete moralische Instanz. Als er allerdings fand, in Extremfällen sei in der Erziehung ein Klaps, der nicht entwürdigend sei, durchaus vertretbar, ging ein wahrer Sturm der Empörung los. Er hatte gegen das Diktat der 'political correctness' verstoßen. Das war ein Tabubruch. Ironie des Schicksals: Ausgerechnet Franziskus hatte es erwischt, jenen Papst, der drauf und dran war, in der Kirche mit den lange gepflogenen Machtmitteln Tabu und Dogma aufzuräumen.

Ein anderes Beispiel: Es geht nicht an, dass auch nur irgendein Aspekt dieses mörderischen Regimes positiv bewertet wird, hat ein österreichischer Politiker in Anspielung auf Hitlerdeutschland gesagt. Und ich sage dir, gerade wegen der Ungeheuerlichkeit dieses Regimes ist es notwendig, genauer hinzuschauen, zu erkennen, worin für so viele Menschen die Verlockung, die Verführung bestand. Das ist genau der Punkt, warum mir dieses Gespräch mit dir so wichtig ist, wenn man eine Wiederkehr solcher Verhältnisse vermeiden will, darf es kein Tabu geben. Mit dem Tabu, dem Redeverbot erreichst du das Gegenteil.

Und schließlich ist die 'political correctness' ein sehr unschönes Machtmittel: Eine unvorsichtige Äußerung reicht und schon wirst du abgeschossen.

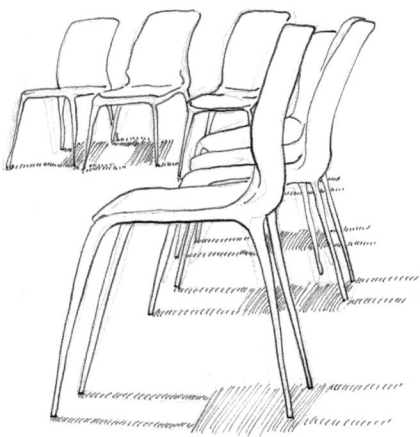

Das Schlimmste aber an dieser 'political correctness' war, dass sie die Menschen völlig willkürlich in gute und schlechte eingeteilt hat, eine altbewährte Methode, Feindbilder zu erzeugen. Bist du nicht für mich, so bist du gegen mich. Dieses Entweder-Oder ist Gift, ist ein sicheres Zeichen für den Verlust des Maßes, denn das richtige Maß liegt immer irgendwo dazwischen. Das ist wie mit der Medizin: Zu wenig hilft sie nicht und zu viel ist sie Gift. Es gilt zu begreifen, dass jede Qualität letztlich eine Frage des Maßes ist. Nichts ist so gut, dass es nicht durch ein Zuviel davon in das Gegenteil verkehrt würde. Da hat das Systemische Konsensieren das richtige Maß wieder hergestellt. Bei so vielen unterschiedlichen Lösungsvorschlägen mit Extremen in alle Richtungen ist die Lösung mit der größtmöglichen Zustimmung aller Beteiligten automatisch eine maßvolle Lösung.

Nun aber zurück zur Politik. Ich weiß, dass es für dich heute natürlich nur sehr schwer vorstellbar ist, welch fatale Konsequenzen das damalige System der repräsentativen Demokratie mit sich brachte. Sich da hineinzudenken, verlangt schon einiges an Phantasie, so wie auch die Grausamkeiten der beiden Weltkriege und des Hitlerregimes heute nur schwer vorstellbar sind. Aber genau das ist der Grund, warum ich heute mit dir hier sitze: Keine noch so erfreuliche Entwicklung ist davor gefeit, in alte Unsitten zurückzufallen. Das zu verhindern ist eine ständige Herausforderung. Und je mehr die unschönen Bilder der Vergangenheit verblassen, umso mehr schwindet auch das Bewusstsein, welch kostbares Gut es zu bewahren gilt. Und es ist auch wichtig, die Zusammenhänge zu verstehen, zu verstehen, wie so ein sensibles Gebilde wie ein Gemeinwesen funktioniert, welche Bedeutung dabei dem System zukommt.

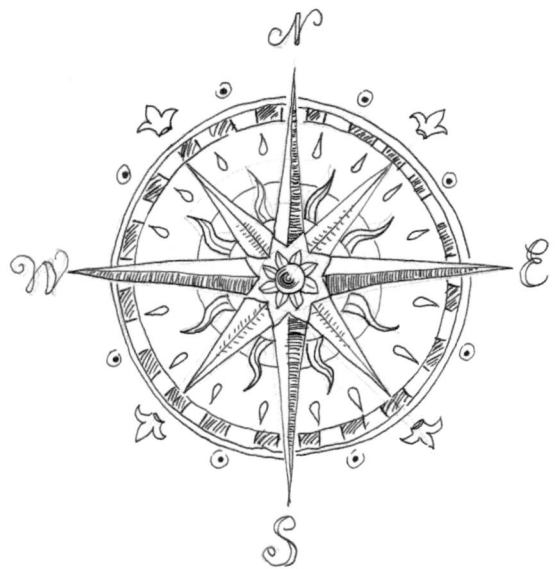

System, so ein abstrakter Begriff. Ich weiß noch, welche Schwierigkeiten ich allein mit diesem sperrigen Begriff 'Systemisches Konsensieren' hatte. Dabei drückt er genau das Wesentliche der Sache aus: Zunächst geht es darum, auf eine offene Frage eine Antwort zu finden, mit der möglichst alle Beteiligten einverstanden sind, also einen Konsens zu finden. Dass das in einem politischen Konkurrenzsystem, wo es darum geht, den Gegner niederzumachen und zu besiegen, schwer möglich ist, versteht sich von selbst. Es geht also um das System. Vielleicht ist es für dich einfacher, wenn ich statt vom System von den Rahmenbedingungen spreche. Es gibt eben Rahmenbedingungen, die das Konkurrenzdenken fördern, und solche, die die Zusammenarbeit und die gemeinsame sachorientierte Suche nach den besten Lösungen begünstigen.

Schweife ich schon wieder ab? Ich glaube nicht. Ich denke, es ist wichtig, dass du das verstehst. Es war der Systemwechsel, der den Übergang vom Gegeneinander zum Miteinander bewirkt hat und damit auch eine deutlich spürbare atmosphärische Verbesserung. Besonders mit der Entwicklung und Verbreitung der Gemeinwohlökonomie war ein deutlicher Rückgang von Stress und Burnout zu beobachten. Aggressives Verhalten ging zurück, ganz so, wie es die Erkenntnisse der Hirnforschung erwarten ließen. Der Mensch ist eben von seinen Hirnfunktionen auf Kooperation, Mitgefühl, Hilfsbereitschaft, gegenseitiges Vertrauen und dergleichen angelegt, und aggressives Verhalten tritt erst auf, wenn er in diesen Bedürfnissen und damit in seiner Würde verletzt ist. Das macht diesen tiefgreifenden atmosphärischen Wandel verständlich. Es geht darum, die gegenseitige Wertschätzung, wie sie im Systemischen Konsensieren zum Ausdruck kommt, als kostbaren Schatz zu hüten und zu bewahren.

Es ist ja schön, dass die Erfinder und Entwickler des Systemischen Konsensierens inzwischen aufgrund der Erfolge im internationalen Konfliktmanagement den Friedensnobelpreis zuerkannt bekommen haben. Aber auch ein Nobelpreis ist kein Ruhekissen, sondern Auftrag.

In diesem Fall eben für die nächste Generation.

Das musste ich los werden!

Es ist spät geworden und es wird auch langsam kalt. Ich danke dir, meine Liebe, dass du so aufmerksam zuge-hört hast.

Nachwort

Gesellschaftlicher Wandel braucht Visionen und Träume, braucht Bilder und Worte. Und zwar in den Herzen und Köpfen vieler, vieler Menschen, denn Gesellschaft sind wir alle. Wer sich dafür zu interessieren beginnt, wird feststellen, dass bereits viel in Bewegung ist. Auch „Es war einmal ..." will seinen Beitrag leisten und durch Schenken Verbreitung finden. Gewiss hast du Bekannte, denen du damit eine kleine Freude bereiten willst.

Dafür danken dir
Christa und Gerhard

Christa Jagersberger-Stängl

Karl Gaschler Gasse 1
A-3293 Lunz am See

mailto:Christa.ja@staengl.at
http://kunst.staengl.at

Gerhard Winter

Weingartenweg 16
A-8020 Graz

mailto:gerhardwinter@gmx.at
http://www.gerhardwinter.at

Literaturauswahl

Wirtschaft, Umwelt, Klima

- Christian Felber, Gemeinwohlökonomie, Deuticke
- Harald Welzer, Perspektiven einer nachhaltigen Entwicklung, Fischer
- Naomi Klein, Kapitalismus vs Klima, Fischer
- Harald Welzer, Perspektiven einer nachhaltigen Entwicklung, Fischer

Finanzwesen

- Christian Felber, Geld, Deuticke
- Anat Admati/Martin Hellwig, Des Bankers neue Kleider, FBV

Arm-Reich

- Jean Ziegler, Wir lassen sie verhungern, btb
- BEIGEWUM/Attac/Armutskonferenz, Mythen des Reichtums, VSA

Demokratie/der mündige Bürger

- Harald Welzer, Selbst denken, eine Anleitung zum Widerstand, Fischer
- Hülkenberg, Nur mal angenommen, Demokratie ginge anders, Tradition
- Visotschnig, Schrotta, Das SK-Prinzip. Wie man Konflikte ohne Machtkämpfe löst, Ueberreuter
- Paulus, Schrotta, Visotschnig, Systemisches Konsensieren. Der Schlüssel zum gemeinsamen Erfolg, Danke Verlag
- Siegfried Schrotta (Hrsg), Wie wir klüger entscheiden, Styria
- Siegfried Schrotta, Mit kollektiver Intelligenz die besten Lösungen finden, Danke Verlag

Zuversicht

- Amnesty Journal, die Zeitschrift für Menschenrechte, Februar 2016:
- Alles wird gut, was uns Mut macht
- Steven Pinker, Gewalt. Eine neue Geschichte der Menschheit, Fischer
- Joachim Bauer, Prinzip Menschlichkeit, Heine
- Gerhard Winter, barfuß. Druckausgabe vergriffen, online verfügbar unter www.gerhardwinter.at